# El autobús mágico
# EN TIEMPOS DE LOS DINOSAURIOS

To Jimmy
Love,
Second
Grade

CORREO DE PROFESORES

A. CANO

M. ROA

R. BREA

M. COL

P. MIR

V. CAROLA

T. RUIZ

I. LASO

B. RICO

Srta. Carola

# El autobús mágico
# EN TIEMPOS DE LOS DINOSAURIOS

**por Joanna Cole**

**Ilustrado por Bruce Degen**

**Traducido por Almudena Bautista**
**Colección coordinada por Paz Barroso**

SCHOLASTIC INC.

New York   Toronto   London   Auckland   Sydney

*La autora y el ilustrador agradecen a Mark A. Norell, conservador asociado
de paleontología de vertebrados del Museo Americano de Historia Natural,
por su ayuda en la preparación de este libro. Agradecen también
el consejo y la información proporcionada por: Armand Morgan,
del departamento de Educación Pública del Museo Yale-Peabody de Historia Natural,
New Haven, Connecticut; Dr. Leo J. Hickey, conservador de Paleobotánica,
del Museo Yale-Peabody de Historia Natural; Dave Varisshia, experto en Tyrannosaurus Rex,
del museo de las Rocosas, Bozeman, Montana.*

ISBN 0-590-67702-0

12 11 10 9 8 7 6 5 4 3 2 1          5 6 7 8 9/9 0/0

Printed in the U.S.A.

First Scholastic printing, September 1995

A Armand Morgan,
nuestro guía en la época de los dinosaurios
J.C. & B.D.

Era el día de puertas abiertas en nuestro colegio. Por la tarde iban a venir las familias para ver nuestros trabajos. En la clase de la señorita Carola estábamos transformando el aula en el mundo de los dinosaurios.

La señorita Carola entró de repente en la clase.
—Por favor, niños, presten atención. Traigo muy buenas noticias — dijo.

¿QUÉ SERÁN BUENAS NOTICIAS PARA ELLA?

¿SERÁ YA LA HORA DE COMER?

A LO MEJOR NO TENEMOS QUE APRENDERNOS LOS NOMBRES DE TODOS ESOS DINOSAURIOS.

UNA PALABRA PARA TU VOCABULARIO
Prehistórico significa que pertenece al período de la vida de la humanidad anterior a todo documento escrito. Este período se llama prehistoria.
Maite

COELOPHYSIS

DIPLODOCUS

TYRANNOSAURUS REX

APATOSAURUS

ALLOSAURUS

**LOS DINOSAURIOS ERAN REPTILES**

Los dinosaurios eran unos reptiles prehistóricos especiales. Los reptiles son animales:

— vertebrados
— con escamas en la piel
— que ponen huevos
— que tienen sangre fría

*Carlos*

**REPTILES ACTUALES**

SERPIENTES

COCODRILOS

TORTUGAS

ORGULLOSA DE SER PARIENTE DE UN DINOSAURIO

LAGARTOS

**LOS DINOSAURIOS ERAN ESPECIALES**

Los dinosaurios tenían las patas rectas. Podían andar o correr velozmente.

Los reptiles actuales tienen las patas dobladas hacia fuera.

—Nos han invitado a una excavación de dinosaurios –nos comunicó la señorita Carola–. Y nos marchamos ahora mismo.

Al salir, un chico cogió la cámara de vídeo. Otros se llevaron sus dinosaurios de juguete para que les dieran buena suerte. Cuando tienes a la profesora más chiflada del colegio, se necesita toda la suerte del mundo.

¡Qué horror! Íbamos a viajar otra vez en el viejo y desvencijado autobús escolar. Tras armarnos de valor, nos subimos sujetando fuertemente nuestros dinosaurios de la suerte.

NADIE HA VISTO NUNCA UN DINOSAURIO

Cuando aparecieron en la Tierra los primeros humanos, los dinosaurios se habían extinguido hace millones de años.
Los hombres hemos descubierto la existencia de los dinosaurios mediante los fósiles.

Rita

CINCO FÓSILES DE DIFERENTES PARTES DE DINOSAURIO

1. ESQUELETO

2. DIENTES

3. HUELLAS

4. MARCAS DE LA PIEL

5. HUEVOS Y NIDOS

Alejandro

Cuando entramos en la autopista, la señorita Carola gritó desde el asiento del conductor:
—Nos dirigimos hacia el país de los fósiles, niños. ¿Quién sabe lo que es un fósil?
Por suerte habíamos hecho los deberes.
Sabíamos que un fósil es un objeto que tiene restos de un animal o una planta de otra época.

EN ESTE LIBRO TODO ES MENTIRA.

NO QUEDABA NI UN DINOSAURIO EN LA ÉPOCA DE LOS HOMBRES DE LAS CAVERNAS.

Después de un largo viaje llegamos a un desierto en donde había gente trabajando. La señorita Carola dijo que eso era el sitio de la excavación y que la gente que veíamos eran paleontólogos, o sea, científicos que estudian la vida prehistórica.

## CÓMO SE FOSILIZA UN DINOSAURIO

1. El dinosaurio muerto se hunde en el lecho de un río y se pudre.

2. El esqueleto queda recubierto por arena.

3. Al cabo de mucho tiempo la arena se convierte en roca.

4. Los huesos también se vuelven tan duros como una roca. Carmen

## LOS DINOSAURIOS ERAN ESPECIALES

Los dinosaurios vivieron sobre la Tierra durante mucho más tiempo que el que llevamos los humanos.

A la señorita Carola se le iluminaron de repente los ojos.
—¡Vamos a buscar nidos de *Maiasaura*, niños! –gritó.
Nos subió al autobús a todo correr y lo puso en marcha.

No habíamos ido muy lejos cuando la señorita Carola paró el autobús.
Giró un mando en el salpicadero y el autobús empezó a transformarse. Parecía un despertador gigante.
La señorita Carola dijo que era una máquina del tiempo.

¿CÓMO SABEMOS QUÉ ASPECTO TENÍAN LOS DINOSAURIOS?

Los científicos reconstruyen el esqueleto de los dinosaurios.

1. Averiguan dónde iban unidos los músculos basándose en marcas en los huesos.

2. Saben cómo era la piel gracias a las impresiones fósiles.

3. Basándose en los animales actuales, intentan averiguar de qué color eran.

Rafa

La aguja del reloj empezó a girar en sentido contrario: retrocedimos una hora... un día... un año...
Por las ventanas veíamos el desierto girando a toda velocidad.
Retrocedimos mil años... un millón de años...
—Nos dirigimos hacia el tiempo de los *Maiasaura*.
¡Ánimo, chicos! –exclamó la señorita Carola.

De repente, emergió del agua un reptil grande y abrió su enorme boca.

—Eso no es un dinosaurio –afirmó la señorita Carola–. Es un *Phytosaurus*, o sea, un reptil parecido a un cocodrilo.

El *Phytosaurus* cazó un pequeño dinosaurio y lo arrastró bajo el agua. Queríamos volver al autobús, pero la señorita Carola dijo que antes teníamos que aprender algunas cosas sobre la vegetación del Triásico.

AETOSAURUS

PHYTOSAURUS

¿SON MALVADOS LOS CARNÍVOROS?

No. Los depredadores forman parte de la naturaleza. Cazar es el único modo que tienen de conseguir alimento.

Teo

OTRA PALABRA PARA TU VOCABULARIO

Un depredador es un animal de caza.
Las presas son los animales que caza el depredador.

SOY UN DEPREDADOR

SOY UNA PRESA.

CONÍFERA

PLATEOSAURUS

De repente empezo a llover. Los dinosaurios no se inmutaron. Nosotros corrimos hacia el autobús.
—¡Prepárense para avanzar en el tiempo, niños! –nos gritó la señorita Carola.

TEO, EN LA SELVA TROPICAL HAY LLUVIAS FRECUENTES Y COPIOSAS.

¡Y ME LO DICE AHORA!

A JEFF LE ENCANTARÁ ESTE VÍDEO.

## LOS PRIMEROS MAMÍFEROS VIVIERON CON LOS DINOSAURIOS

Los primeros mamíferos vivieron en el Triásico superior.
Eran animales peludos, parecidos a las ratas.

Raquel

## ¿QUÉ SON LOS MAMÍFEROS?

Los mamíferos son animales:
• vertebrados
• con pelo
• de sangre caliente

• que amamantan a sus crías.

Tina

Lo último que vimos antes de arrancar fueron unos animalitos peludos. La señorita Carola dijo que eran los primeros mamíferos.
La aguja del reloj giró hacia adelante y la lluvia del Triásico desapareció de nuestra vista.

¡Ring, ring! La alarma sonó de nuevo.
—¡Oh, no! –exclamó la señorita Carola–.
Nos hemos detenido demasiado pronto.
Estamos al final del Jurásico, la era de los
dinosaurios gigantes.

APATOSAURUS
(TAMBIÉN LLAMADO
BRONTOSAURUS)

¡QUÉ TRONCOS
TAN
INTERESANTES!

¿TRONCOS? NO
SERÁN DE
ÁRBOLES...

¿CÓMO ERA ENTONCES
LA TIERRA?

Los continentes se estaban
separando.
• Llanuras pantanosas
• Aparición de los mares interiores
• Aparición del océano Atlántico
• Temperaturas cálidas en
todo el mundo

PRESENTE

ERA CENOZOICA
HACE 65 MILLONES DE AÑOS

CRETÁCICO
HACE 144 MILLONES DE AÑOS

JURÁSICO
HACE 213 MILLONES DE AÑOS

TRIÁSICO
HACE 225 MILLONES DE AÑOS

AHORA ESTAMOS AQUÍ

¿QUÉ ERAN LOS SAURÓPODOS?

Los saurópodos eran dinosaurios enormes de largos cuellos.
Caminaban a cuatro patas y comían plantas.

Amanda

ALGUNOS TIPOS DE SAURÓPODOS

ULTRASAURUS
BRACHIOSAURUS
DIPLODOCUS
APATOSAURUS
SEISMOSAURUS

—Niños, ¿han visto esos saurópodos? —preguntó la señorita Carola.

¡Resultaba imposible no verlos! Eran inmensos. La señorita Carola nos explicó que eran los animales más grandes que habían vivido jamás sobre tierra firme.

PIEDRAS EN EL ESTÓMAGO PARA MOLER LA COMIDA.

HAN PASADO SESENTA MILLONES DE AÑOS DESDE LA ÚLTIMA VEZ QUE ESTUVIMOS AQUÍ.

¡MIRA! ESOS SAURÓPODOS SE TRAGAN LA COMIDA SIN MASTICAR.

SUS DIENTES NO SIRVEN PARA MASTICAR, NATALIA.

SE TRAGAN PIEDRAS PARA MOLER LA COMIDA EN EL ESTÓMAGO.

**SABEMOS QUE LOS DINOSAURIOS PONÍAN HUEVOS**

Se han encontrado huevos fósiles de dinosaurios. En el interior de algunos hay diminutos esqueletos de crías.

*Amanda*

**¿QUÉ TAMAÑO TENÍAN LOS HUEVOS DE LOS DINOSAURIOS?**

El huevo de dinosaurio más grande que se ha encontrado tenía el tamaño de un balón de rugby.

*María*

Debajo de un montón de hojas encontramos unos huevos de dinosaurio a punto de eclosionar. Cerca había algunos *Stegosaurus* (dinosaurios con placas en el dorso) comiendo plantas. Uno de ellos estaba herido en una pata.

¿SON HUEVOS DE MAIASAURA?

NO, RITA. EL MAIASAURA NO VIVÍA EN EL PERÍODO JURÁSICO.

APARECIÓ MUCHO MÁS TARDE.

De repente, un *Allosaurus* se acercó al *Stegosaurus* herido. El *Stegosaurus* balanceó su cola con pinchos de lado a lado, pero no alcanzó al *Allosaurus*. ¿Qué pasaría? Contuvimos la respiración.

ES DURO SER UN CAZADOR

Es peligroso ser un depredador. Las presas pueden herirlos o, incluso, matarlos. Por este motivo los carnívoros suelen atacar a presas débiles, enfermas o jóvenes.

alejandro.

Borde en forma de sierra

DIENTE DE ALLOSAURUS (tamaño real)

El *Allosaurus* se abalanzó sobre el *Stegosaurus* y le dio un enorme mordisco. Luego retrocedió y esperó. El *Stegosaurus* se fue debilitando. Ya no podía escapar. Iba a convertirse en la comida del *Allosaurus*.

NIÑOS, LO QUE NO SE COMA EL ALLOSAURUS SERÁ APROVECHADO POR OTROS DINOSAURIOS.

EN MI OTRO COLEGIO NO NOS DEJABAN ACERCARNOS TANTO A UN DEPREDADOR.

ME PARECE QUE ESE STEGOSAURUS NO SE CONVERTIRÁ EN UN DINOSAURIO FÓSIL.

NO, SE VA A CONVERTIR EN UN DINOSAURIO COMIDO.

TODOS LOS DINOSAURIOS ERAN ANIMALES TERRESTRES

Ningún dinosaurio vivió en el mar. Durante el Cretácico los dinosaurios vivieron en lugares que no estaban cubiertos por agua.

Gregorio

NO ENCONTRAREMOS NINGÚN DINOSAURIO POR AQUÍ.

¡Ring, ring! La alarma sonó de nuevo. Miramos por la ventana y nos dimos cuenta de que esta vez también nos habíamos parado demasiado pronto.

—Estamos en el Cretácico Superior –anunció la señorita Carola–. En esta época había un mar en el centro del continente americano.

ESTAMOS EN EL MISMO LUGAR, 25 MILLONES DE AÑOS DESPUÉS.

EL TIEMPO VUELA.

NO ES LO ÚNICO QUE VUELA.

PTERANODON

PRESENTE

ERA CENOZOICA
HACE 65 MILLONES DE AÑOS

CRETÁCICO
HACE 144 MILLONES DE AÑOS

JURÁSICO
HACE 213 MILLONES DE AÑOS

TRIÁSICO
HACE 225 MILLONES DE AÑOS

AHORA ESTAMOS AQUÍ

Fuera veíamos nadar a unos enormes reptiles marinos.
Por encima de nuestras cabezas pasaban reptiles
voladores, que cazaban peces con su pico.
Como nos estábamos mojando un poco, la señorita
Carola apretó el mando del reloj para avanzar hacia
el futuro.

En cuanto bajamos del autobús, nos dimos cuenta de que el mundo del Cretácico era diferente. El tiempo era más frío. Había flores y frutos por todas partes. Y había cantidad de dinosaurios herbívoros que no habíamos visto antes.

—Estos herbívoros podían masticar mucho mejor que ningún otro dinosaurio –explicó la señorita Carola–. Tenían dientes masticadores y también carrillos.

NUEVOS HERBÍVOROS DEL CRETÁCICO
por la señorita Carola

**PICOS DE PATO**
Tenían cientos de dientes en sus picos de hueso

**CABEZAS DE CASCO**
Tenían cráneos muy gruesos. Utilizaban la cabeza para topar

**CON CORAZAS OSEAS**
Tenían placas dorsales. Tenían muy pocos dientes.

**CON CUERNOS**
Tenían una armadura ósea en el cuello y cuernos. Tenían dientes cortantes.

LOS CARRILLOS EVITAN QUE LA COMIDA SE SALGA DE LA BOCA. AHORA A LOS HERBÍVOROS NO SE LES CAE LA COMIDA QUE YA HAN TRITURADO.

¡CARAMBA! NO SABÍA QUE LOS CARRILLOS ERAN TAN IMPORTANTES.

**LOS DINOSAURIOS ERAN ESPECIALES**
Algunos dinosaurios masticaban la comida. Todos los reptiles actuales se la tragan entera.

**DIENTES DE DINOSAURIO CON PICO DE PATO**
Los dinosaurios con pico de pato tenían cientos de filas de dientes.

BORDE ASERRADO

TYRANNOSAURUS REX
El diente de dinosaurio de mayor tamaño (tamaño real)

¡VAYA! TENEMOS PROBLEMAS.

UNOS PROBLEMAS TIRANOSÁURICOS.

OTROS DINOSAURIOS TENÍAN MÁS DIENTES, PERO LOS DEL TYRANNOSAURUS ERAN LOS MÁS GRANDES.

¡POBRE RATONCITO PÉREZ!

STYRACOSAURUS

Estábamos viendo cómo masticaban los herbívoros, cuando se acercaron varios *Tyrannosaurus*. Los *Tyrannosaurus* eran los mayores carnívoros que ha habido sobre la Tierra. Sus bocas parecían máquinas mordedoras gigantescas, con sesenta dientes afilados como cuchillos.

Los *Tyrannosaurus* nos daban mucho miedo. Para colmo, apareció también un grupo de *Troodon*. Eran pequeños, pero había muchísimos. Rodearon el autobús para ver qué era. Nuestra situación era bastante peligrosa, así que echamos a correr.

Al llegar a lo alto de una colina, vimos una escena increíble. Era un lugar repleto de nidos de *Maiasaura*.

¡OH!

MIREN TODAS ESAS CRÍAS.

¡ES UNA GUARDERÍA DE DINOSAURIOS!

La madre cavaba el nido en el suelo.

Las crías permanecían en el nido.

LOS DINOSAURIOS ERAN ESPECIALES
Se cree que algunos dinosaurios alimentaban a sus crías. Ningún reptil actual lo hace.

¿POR QUÉ PENSAMOS QUE LAS CRÍAS DE MAIASAURA PERMANECÍAN EN EL NIDO?

Cuando los científicos encontraron los primeros nidos de Maiasaura vieron:

• Cáscaras de huevo rotas, que mostraban que las crías pudieron haber permanecido en los nidos y haber pisado las cáscaras.

• Esqueletos de diferentes tamaños, que indicaban que las crías habían permanecido en los nidos hasta alcanzar un cierto tamaño.

• Dientes de crías desgastados, que mostraban que las crías comían quizás los alimentos que les llevaban sus padres.

Tina

No éramos los únicos que habíamos encontrado
los *Maiasaura*, ¡los *Troodon* nos habían seguido!
Se metieron entre los nidos y los *Maiasaura*
se lanzaron contra ellos para defender a sus crías.
De repente se levantó una tormenta de arena.
Al cabo de pocos minutos, los dinosaurios
estaban recubiertos de una gruesa
capa de arena.

TODOS ESOS DINOSAURIOS QUEDARÁN ENTERRADOS.

¡POBRES DINOSAURIOS!

¡POBRES DE NOSOTROS!

Todo había sucedido tan rápidamente que no pudimos ayudar a los dinosaurios. Al quedar enterrados, probablemente se convertirían en fósiles.

¡OH, NO! SE ME HA CAÍDO EL MAIASAURA DE JUGUETE.

¡NO TE DETENGAS! ¡CORRE!

De vuelta en el autobús, emprendimos viaje hacia el futuro. Pensábamos que íbamos a regresar directamente a casa, pero el autobús chirrió y se detuvo otra vez antes de tiempo.

STRUTHIOMIMUS

PRESENTE

ERA CENOZOICA
HACE 65 MILLONES DE AÑOS

CRETÁCICO
HACE 144 MILLONES DE AÑOS

JURÁSICO
HACE 213 MILLONES DE AÑOS

TRIÁSICO
HACE 225 MILLONES DE AÑOS

AHORA ESTAMOS AQUÍ

—Estamos en los últimos minutos del Cretácico —dijo la señorita Carola. Una luz muy fuerte brillaba en el cielo.

—Miren ese asteroide –dijo la señorita Carola—. Es una roca enorme procedente del espacio. Pronto chocará contra la Tierra.

EL ASTEROIDE CAUSARÁ UNA GRAN EXPLOSIÓN. EL AIRE SE LLENARÁ DE CENIZA OSCURA, QUE IMPEDIRÁ QUE LA LUZ DEL SOL LLEGUE A LA TIERRA... LAS PLANTAS NO PODRÁN CRECER, Y MILLONES DE SERES VIVOS SE EXTINGUIRÁN, INCLUIDOS LOS DINOSAURIOS.

SEÑORITA, ¿QUÉ TAL SI NOS VAMOS ANTES DE QUE EL ASTEROIDE CHOQUE CONTRA LA TIERRA?

LAMBEOSAURUS

La señorita Carola apretó el mando del futuro, y nos pusimos en marcha otra vez.

NIÑOS, ESTAMOS SÓLO A 65 MILLONES DE AÑOS DE CASA.

ACELERA, POR FAVOR...

Cuando sonó la alarma, nos encontramos por fin en nuestro tiempo. Los paleontólogos estaban preocupados por nosotros. Tras darles una pista de dónde podían encontrar huevos fósiles, nos despedimos y regresamos al colegio.

UNA ÚLTIMA PALABRA PARA TU VOCABULARIO

Una especie animal o vegetal se extingue cuando mueren todos los individuos de esa especie.

SI VAS EN ESTA DIRECCIÓN UNOS CIEN PASOS Y CAVAS...

...SEGURO QUE ENCUENTRAS NIDOS DE MAIASAURA.

SI TÚ LO DICES, VALERIE.

TE MANDAREMOS UNA COPIA DE NUESTRO VÍDEO.

¿VAS A EXTINGUIRTE?

¿DISTINGUIRME? ¿VOY A SER FAMOSO?

AHORA ESTAMOS AQUÍ

PRESENTE

ERA CENOZOICA
HACE 65 MILLONES DE AÑOS

CRETÁCICO
HACE 144 MILLONES DE AÑOS

JURÁSICO
HACE 213 MILLONES DE AÑOS

TRIÁSICO
HACE 225 MILLONES DE AÑOS

Ya tranquilamente en clase, nos pusimos a hacer un mural de nuestro viaje al tiempo de los dinosaurios. Lo acabamos justo a tiempo para que lo vieran las visitas.

# NUESTROS DINOSAURIOS PREFERIDOS

BANANASAURUS REX

CALCETOSAURUS

CAZOSAURUS

ESCAROLATOPS

AVERIGUA MÁS COSAS SOBRE LOS DINOSAURIOS

DINOHISTORIA

SUMÉRGETE EN LOS MARES PREHISTÓRICOS

La época de los REPTILES

¿POR QUÉ SE EXTINGUIE-RON LOS DINOSAURIOS?

DINOSAURIOS CON "CADERA DE AVE", O CON "CADERA DE REPTIL"

TEO, ¡QUÉ EMOCIONANTE HA SIDO NUESTRA AVENTURA AL TIEMPO DE LOS DINOSAURIOS!

ME QUEDO CON LAS AVENTURAS DE MI LIBRO

MUY BIEN, MI NIÑO.

SILLÓN DE LECTURA

101 AVENTURAS EN TU PROPIO PATIO

MAGNOLIA

HELECHO

GINKGO

Algunas plantas actuales son como las del tiempo de los dinosaurios.

A las visitas les gustó mucho todo lo que habíamos hecho. En su vida habían visto unos trabajos tan fabulosos, ni unos libros tan maravillosos, ni un vídeo tan increíble. Y, por supuesto, ¡jamás habían conocido a una profesora tan original como la *Escarola*!